攻破坚固营垒

属灵争战得胜六步骤

攻破坚固营垒

属灵争战得胜六步骤
Pulling Down Strongholds

叶光明国际事工版权 © 2017

叶光明事工亚太地区出版

PO Box 2029, Christchurch, New Zealand 8140

admin@dpm.co.nz

叶光明事工出版

版权所有

DPM48

ISBN: 978-1-78263-655-7

目 录

引言

你是否意识到生活周遭有一场无形的争战正在进行？你是否也意识到自己是预定参与战事的人？

两个彼此冲突的属灵国度

耶稣基督在地上的服事显明一个基本事实，那就是，有两个看不见的属灵国度正在彼此争战：一个是神的国度，另一个则是撒旦的国度。

不可否认地，只需稍稍阅读新约圣经就可以发现，耶稣经常参与在「属灵争战」之中，且战无不胜。本书写作的目的是检视属灵争战的概念，这是基督徒生活中一个一眼就可以看出来的明确层面。在探讨的过程中，我们会建立几个指导原则，并藉之帮助我们以耶稣基督跟随者的身分展开属灵争战，且争战得胜。

身为基督徒，你很可能不假思索就能认同神拥有属祂的国度这个概念；但你可能会有所质疑的（也可能是你从未意识到的），就是连撒旦也有属祂的国度。事实上，祂的确拥有自己的国度。身为一名基督徒，对撒旦国度的特性以及运作方式有所了解对你而言是至关重要的。

被征召入伍参与战事

因着相信基督，你已经成为神国度的公民，那么你就自动地参与了对抗撒旦国度的争战。许多人没有认清这个事实，让我加以解释。假设我是个澳洲公民，澳洲跟纽西兰开始打仗（老天，但愿不会。我也相信这两国间不太可能发生战争！）但如果真的发生了，那么身为澳洲公民，我就自动地与纽西兰为敌，因为我所属的国家正在跟另一个国家打仗。

身为神国公民的我们也是如此。因为神的国度正与撒旦的国度对打，我们又是神国度中的公民，于是我们别无选择、无可避免地卷入与撒旦国度的争战当中。

既然我们已经置身这场战事当中，就让我们就一起来探索下列这些基本问题和其他问题的答案吧：

(1) 为什么会发生属灵争战？

(2) 谁在跟谁打仗？

(3) 我们隶属于哪一边？

(4) 我们当如何抱着敏锐的态度面对属灵争战，且能争战得胜？

第 一 部

无形的属灵争战

第一章
公开的战争

为了研读属灵争战的性质，我们要先来看看马太福音十二章的一段经文。这段经文记载的背景是耶稣刚刚医治了一个被鬼附的人，把他里面的哑巴和瞎眼鬼赶了出去。

邪灵的真实存在

在还没有继续讨论下去之前，我要在此指出，即使是在今日的现代社会，邪灵也会让人眼瞎及聋哑。我跟内人路得几年前在巴基斯坦事奉时发现了这个事实。虽然巴基斯坦境内有 98% 的民众是穆斯林，神却为我们敞开了美好的事奉之门，使我们能自由举办公开聚会。总共有一万六千人次来参加聚会。之所以有那么多人来，只有一个原因，那就是他们听说我们会为病人祷告。这是多数人来聚会的惟一原因。

在一次事奉中，我和路得面对一大群男人，他们站在我们前面等待接受祷告服事。有一个男人摸着自己的耳朵还有舌头，我们虽听不懂他的语言，但我了解他的意思：他是想要告诉我们，他又聋又哑。理论上，我很清楚圣经上说过我们该怎么做，所以我就想：我要照着做，看看会发生什

么事情。我于是说：「我对在这个男人身上的聋哑之灵说话，我不是对这个男人说话。奉主耶稣的名，我命令你离开他！」

接着我命令这个男人：「你说话。」马上那鬼就听到了。那个男人根本听不懂英文，但是他却听得到我的声音，然后开始发出声音。于是他们把他推到讲台上，告诉大家这个男人身上的聋哑鬼已经被赶出去了。于是我对自己说：「这个方式真的有效耶！」

接下来十分钟，我跟路得到处寻找聋哑人士，这在巴基斯坦并不难找。那一天，我们亲眼看到当那个邪灵被赶出来之后，至少有十个人从聋哑的情况中得着释放。我之所以分享这个故事，是因为从被鬼附的情况中得到释放不只是一种理论，也不是某种过时的传统。它是一个活生生的，现今仍旧存在的事实。

神的国度 vs. 撒旦的国度

问到马太福音十二章，我们一起来看这里发生了什么事情，当时耶稣设立了赶逐污鬼的模式，就跟我与内人路得在巴基斯坦服事中所做的一样：

> 但法利赛人听见（耶稣刚刚释放了一个被又瞎又哑的邪灵附身的人），就说：「这个人赶鬼，无非是靠着鬼王别西卜啊！」（马太福音十二：24）

法利赛人作了很可怕的一项指控！他们的意思其

实是：「祂可以赶出这人身上的鬼是因为祂跟那些鬼的掌权者联合起来。」耶稣于是回答他们说：

> 凡一国自相纷争，就成为荒场；一城一家自相纷争，必站立不住；若撒旦赶逐撒旦，就是自相纷争，牠的国怎能站得住呢？（马太福音十二：25-26）

在这段经文中，耶稣很清楚地说明撒旦拥有属牠的国度，且这个国度是不会自相纷争的。接着祂又继续提到神的国：

> 我若靠着别西卜赶鬼，你们的子弟赶鬼又靠着谁呢？这样，他们就要断定你们的是非。我若靠着神的灵赶鬼，这就是神的国临到你们了。
>
> （马太福音十二：27-28）

透过赶逐邪灵并释放人的事工，两个国度的冲突被放在台面上。如上述经文所提，那无形的撒旦国度是以鬼魔为代表，而那无形的属神的国度是以耶稣为代表，我们蒙召是要奉祂的名继续祂的服事。（参约翰福音十四：12）

我相信撒旦特别害怕释放事工，原因有二：首先，这会将牠无形的国度放到台面上给人看，牠宁愿暗暗地行。其次，这显示出神的国度拥有至高无上的权柄，且能胜过撒旦的国度。我刻意先透过马太福音十二章这段经文来检视属灵争战这个题目，是为要强调与证明新约已经清楚说明的现象：这两个无形的国度正在彼此争战，这是神的国度与撒旦国度的争战。

第二章
高度组织化的撒旦国度

为了简洁地描述撒旦的国度及其总部，我们接着要先看保罗说过的一段话。这对于研读属灵争战的主题绝对是一项关键：

> 因我们并不是与属血气的争战（原文是摔跤），乃是与那些执政的、掌权的、管辖这幽暗世界的，以及天空属灵气的恶魔争战。　（以弗所书六：12）

为了帮助我们了解保罗所说关于属灵争战的意思，我要先把这段经文的「叶光明增订版翻译」呈现给大家。你可能会说：「叶光明凭什么资格这么做？」简单解释一下。我本人从十岁就开始学希腊文，而且我已经具有教授大学程度希腊文课程的教师资格。当然这并不代表我一定说得对，但我想我可以提供根据足够知识而得的看法。下列就是「叶光明版」的以弗所书六章 12 节：

> 因为我（或作「争战」）的对象，不是「有血肉之躯的人」……

「有血肉之躯的人」的译法是借用《当代圣经》(The Living Bible) 的翻译，它形容撒旦的势力为**「不是这世界上有血肉之躯的人」**(以弗所书六：12)（译注：取自当代圣经中译本 The Chinese Living

Bible, CLB）。我认为这种描述对上述经文提供了一些宝贵的新看见。我们正处于一场摔跤（争战）中，但是我们摔跤的对象却不是有躯体的生物。他们不是人类，他们不像我们拥有「血与肉」。有了这样的理解，我们就要马上调整自己的思想，因为我们并不习惯这种「没有血肉之躯的存在者」的概念（虽然这宇宙中存在着许多这类的「存在者」）。

有权柄的统治者

继续来阅读「叶光明版译本」下半段：

乃是与那些掌管不同区域的、权柄上有位阶之分的统治者（争战）……

从这段经文中我们可以看到，撒旦的国度是高度组织化的结构。牠的国度中有统治者，每一位统治者都负责特定的区域，并且，每一个统治者下面还有隶属的次级统治者，牠们负责国度中的次要区域。

这一开始看起来可能会让人觉得撒旦非常聪明，竟能设计出这样的组织，但事实并非如此。多数学者都相信在撒旦尚未堕落前，在牠还是属神的大能天使的时候，牠就负责掌管三分之一的天使。后来牠带领那群天使悖逆神，于是牠们就一起被逐出天堂。撒旦只不过就是建立了一个对抗神的国度而已，牠只是把牠跟众邪恶天使原本就具备的组织架构保留下来。所以 这么精巧的结构根本不是撒旦的功劳。

管辖这幽暗世界的

我先重复「叶光明版译本」的以弗所书六章 12 节前半段经文,然后再接着翻译:

> 因为我们摔跤(或作「争战」)的对象,不是「有血肉之躯的人」,乃是那些掌管不同区域、权柄上有位阶之分的统治者,以及那些掌控现在这世界上黑暗的……(争战)。

我刻意使用「**掌控者**」这个词汇来翻译,这是一个强烈的词汇。但是神从不掌控任何人。每当你感到掌控的势力,就可以确定那是来自撒旦。神并不是这样统治世人的。

然而,撒旦的野心就是要掌控整个世界。你可以了解吗?牠不满足于掌管一小部分人类,牠决心要透过黑暗的国度去统治整个世界。

身处于撒旦国度的多数人并不了解自己置身何处,因为这是黑暗的国度,他们根本「看不见」。相反的,神的国度是光明的国度,那些在祂国度中的人知道他们置身何处。

邪恶的属灵军兵

「叶光明版」的圣经以弗所书六章 12 节的最后一句是如此翻译的:

> ……以及天空中(the heavenlies)邪恶的属灵军兵(争战)。

在古英文里面 hosts 是「军队」的意思。所以，根据这一节经文，有大量撒旦所属没有血肉之躯的邪灵大军正列队与我们争战。知道这件事情是很重要的，不是吗？如果我们真了解我们面对的势力其属性与规模，就可以调整自己的观点并改变我们的人生。

正确地了解「天上」（the heavenlies）

接着我们来检视保罗提到撒旦的总部是在天上的主张。在许多教会的信徒当中广泛地流传着错误的想法，当他们提到撒旦时，好像是牠早已身处地狱。地狱是囚禁邪恶的存在者的一个地方，位处地球表面以下。而我的观点则是：如果撒旦已经身处在地狱的话，那就太好了，但可惜牠并不是。牠的势力范围多半是在地上。牠十分活跃，且牠的国度位于天上（the heavenlies）。

你可能回想，你方才不是说过撒旦跟牠的喽啰们已经被赶出天国了吗？是的，这一点都没有错。然而，了解撒旦国度所在地的关键在于根据圣经，天并不只是我们经常提到的那个天而已，事实上这世界不只有一层天。了解这个事实是绝对必要的。

圣经第 1 节就说：「**起初神创造天（复数）地（单数）。**」（创世记一：1）从圣经一开始，神的启示就开宗明义说过天不只一层。

在新约中有两段经文可以确认这一点。第一段经文是哥林多后书十二章 2-4 节，在这里保罗写到他

认识的人，有着奇妙的属灵经验。他特别提到有一个人曾经从地上被提到天上去。保罗接着说，他不知道这个人的经验是在身内还是在身外。

> 我认得一个在基督里的人，他前十四年被提到第三层天上去；（或在身内，我不知道；或在身外，我也不知道；只有神知道。）我认得这人；（或在身内，或在身外，我都不知道，只有神知道。）他被提到乐园里，听见隐祕的言语，是人不可说的。
>
> （哥林多后书十二：2-4）

请注意保罗说这个基督徒曾经「**被提到第三层天上去**」。他也说他「**被提到乐园里**」，这样的说法似乎意指「乐园」就是第三层天。因为，此人是在第三层天听到神的话语，那么第三层天很显然地是神的居所。

我是一个逻辑学家，我无法不靠逻辑思考。所以我得到一个结论：如果这世界存在第三层天，那么就一定有第一层与第二层天。因为如果没有第一与第二，就绝对不会有第三。所以，这处经文告诉我们这世界至少有三层天。这是我所相信的。（参申命记十：14；尼希米记九：6）

诸天（all the heavens）

另一处提到不只有一层天存在的经文是以弗所书四章 10 节。当保罗谈到耶稣的受死与复活时，他曾

这么写：

> 那降下（到地狱）的，就是远升诸天（all the
> heavens）之上要充满万有的。
>
> （以弗所书四：10）

请注意保罗说：「（耶稣）**远升诸天（all the
heavens）之上**」。

当我在非洲教当地人学英文时，我发现英文中有
些文法对他们来说很难懂。连你也可能搞不清楚其
中一些文法。其中一个，就是 all（全部）这个字的
用法，因为在某些情况中不能使用这个字。

例如，有一天，我有个学生跑来对我说：「老师，
拜托你，我的父母『全』都来看我了。」我回答说：
「我了解你的意思，可是你用错词了。你的父母不可
能超过两个啊（虽然一个人可能有两个父母加上两
个继父母），但你不能用「全部」这个词汇来形容少
于三个人的名词。」

所以，当保罗说耶稣「远升诸天之上」的时候，
请大家理解这意指当时讲的（现在的意思也一样）
必须至少有三层天。

我不是宣称这看法是绝对且惟一正确的，但我的
结论是第三层天是神所居住的地方，这是一层圣洁
的天。要记得神是居住在超越天上的天。圣经有多
处提到这个事实（参列王

纪上八：27；历代志下二：6，六：18；诗篇八：
1；希伯来书七：26）。因此，我想第一层天可能就
是我们看到的天（就是头上有云在飘的天）。接着，

还有第二层天（虽然从没有人这样称呼它），它的位置是在看得到的天跟神居住的天中间。我相信这第二层天就是「天空」(heavenlies, or heavenly places)，也就是撒旦的国度所在的位置。

　　或许你会认为我很天真，但我把下列的理论告诉你。在我传道的过程中，我经常搭飞机往来各地。有一次我跟内人路得搭乘飞机从纽西兰去新加坡，飞机飞上了三万九千英尺高空，这离地面可是非常远的距离。在那个高度我感觉到自己已经飞越了撒旦的国度，我觉得祷告变得比较容易点，也不用一路抵抗反对势力。

　　这可能纯粹是我个人主观的感受。但介于神在天上的居所跟我们中间，确实存在一个反对、敌视我们的国度，想尽办法要阻挠我们的祷告。这就是为什么当我们祷告时，有时候我们需要穿透仇敌的领土。有时候不是我们没有按神的旨意祷告，或是神不愿意听我们祷告，而是祷告要到达神面前之前，我们得先穿越天上仇敌的国度。

第三章
天上的争战

关于我们在天上的争战的事情，我们不选择随便臆测，而是直接来看但以理书十到十二章所记载关于但以理祷告争战的内容。这段记载清楚说明了我们应该以祷告穿透属仇敌撒旦国度的原则。我们不会把整段记载都看完，但如果你有兴趣，鼓励你私下好好把这三章读完。

撒旦使者的攻击

在但以理书第十章中，我们看到但以理分别出一段为时三周的时间，特别用来祷告与禁食。有许多基督徒称自己的禁食是「但以理式的禁食」。但以理并没有完全放弃进食，他只吃蔬菜水果，不吃肉也不喝酒。

当时的以色列人被外族帝国所俘虏，在禁食当中，但以理代表以色列民在神面前忧伤。在三周后，有一位荣耀的天使加百列来到他身旁，带来神对他祷告的回应以及神对祂子民未来的启示（但以理书十一章与十二章中有所解释）。

一起来读天使加百列的宣告。

他（天使加百列）就说：「但以理啊，不要惧怕！因为从你第一日专心求明白将来的事，又在你神面前刻苦己心，你的言语已蒙应允；我是因

你的言语而来。但波斯国的魔君拦阻我廿一日。
忽然有大君（就是天使长）中的一位米迦勒来
帮助我，我就停留在波斯诸王那里。

　　换句话说，天使的意思是：「当你第一天开始祷
告时，已经蒙了垂听，我是奉差派把你祈求之事的
答案带来给你。但是我却耗费了三周才来到你这里，
因为介于神的宝座与你中间，有撒旦的使者挡住我
的去路。我得花很大的力气才能脱离这些使者的阻
挠。」

阻挠人的国度

　　很清楚的是，即便在但以理的时代，撒旦的国度
就已经存在于神的宝座与地上之间，这个事实至今
都没有改变。当保罗写以弗所书六章 12 节时，那个
邪恶国度已经存在那个空间，当时离耶稣受死、复活、
升天至少三十年。换句话说，不论撒旦国度的组织
架构曾经如何，耶稣的死亡、复活与升天都没有改
变它原来的情况。耶稣是升上比撒旦国度更高的天，
但是撒旦的国度并没有离开原位。

　　在经文后面几节中，天使加百列其实是告诉但以
理：「**我带来神对你祷告的回应。但当我离去后，我
得跟一群（坏）天使一路争战回去。接着，我还得
跟其他撒旦的使者争战。**」（参但以理书十：20）

　　天使说在祂来找但以理的路上，波斯的魔君耽搁
了祂廿一天。所以，这两种天使在天上争战了廿一

天之久。

加百列也谈到「波斯诸王」。在《新英王钦定本》中所使用的翻译，「大君」（prince）指的是最高的统治者，「诸王」（Kings）则指的是次等的统治者。这些统治者都与波斯帝国有关系，当时这个帝国在地上是最大也是最强盛的帝国，总共有一百二十七个省分。也就是说，撒旦手下有一个「超级使者」，牠负责管理整个波斯帝国的业务，要对撒旦负责。但是这一位邪恶的天使有权柄掌管其他邪恶天使，这些天使手下负责波斯境内各区域。因着波斯帝国中有一些大城市，所以很可能一个次级天使就负责掌管一个主要的城市。

属灵的邪恶影响力

对我来说，有鬼魔类的存在者掌管各城市的概念并不只是一种理论。我在自己的传道生涯中看到这样的原则如何地运作。我曾到过不同的城市乡镇，慢慢学到要在某个地区的事工上有果效，往往得先辨认出那个城市正在运行的撒旦势力。每个城市都大不相同。

将这个概念继续延伸，我还想指出，在波斯帝国中有许多不同的种族。根据我的观察，某一个种族通常会受到某个属撒旦的特定君王掌管。美国是由许多种族所形成的国家，我对此印象很深，当地不同的种族受到不同的撒旦势力掌管着。若要处理不同种族的属灵问题，就要先辨认出掌管他们的势力，

这是很重要的。

　　例如，美国有为数不少的非洲裔美国人。我很喜欢这些弟兄姐妹。并且我自己就领养了一个非裔美国的养女。但是他们中间许多人的祖先是被贩卖到美国的黑奴。我认为若你的祖先曾作过奴隶，或许你在政治上已经得到解放，但如果你从未在属灵上得到解放，你就会一直被奴役的灵控制。这个概念我跟一些美国黑人分享过，他们也同意我的想法，认为这可能是某些黑人无法继续向上发展的原因，似乎总有什么限制了他们。

　　把这个原则应用得更广泛一点，当保罗在罗马书八章提到「属灵的捆绑」或「作奴仆」时 他说我们「**所受的，不是奴仆的心，仍旧害怕**」（第 15 节），我们**所受的，乃是神的灵，使我们成为神的儿女**（意译第 16 节）（译注：和合本此句译为：**圣灵与我们的心同证我们是神的儿女**）。假如你看一下上下文，他在这里提到的属灵捆绑是指宗教律法主义。有些人的宗教内涵充满规条：「要这么做」，「不要这么做」。据我的观察，许多非洲裔美国人都受律法主义所苦，他们对神给人真正自由的恩典没有把握。原因是奴役的灵的问题还没有对付清楚。某个程度，奴役的灵仍旧控制着这些非裔美国人。在属灵上来说，这个族群从未得到自由。

　　同样的，我还要提美国另一个族群，那就是原住民印第安人。大致上，在美国这个自由国家，因着经济与文化的体质好，几乎每个人都可以功成名就。一个人不一定要取得高等学位也能成功。但整体来

说，美国印第安人却很少有成功的，许多印第安人
生活在贫穷中。在属灵上，许多印第安人也活在黑
暗中。有若干印第安人很会行巫术，这是个悲剧。
但我认为除非有人具备属灵异象且充分了解美国印
第安人根源上的问题，为了释放他们而准备好自己
去参与这场属灵争战，否则这群人还会继续受捆绑
下去。

如果你想想上述我所说的，你就会看到同样的普
遍性原则在世界各国不同族群中也正在运作，这显
出属灵争战的真实性。

从但以理的经验来找属灵原则

在但以理书十章最后，我们学到关于天上属灵争
战的另一个关键要素。在第20节中，天使告诉但以
理：「等我离开你之后，我得再跟波斯的大军争战一
回合，接着还要跟希腊的诸王争战。」为什么是波斯
与希腊呢？因为在被外族俘虏期间与被掳之后，这
两个帝国掌控了神的百姓以色列民与他们的土地，
包括耶路撒冷在内。历史上共有四个异邦帝国统治
过以色列，它们分别是：巴比伦、波斯、希腊以及
罗马。在但以理的时代，统治以色列的是波斯，而
接下来就是希腊。

在神的国度最关注的关键议题上，属灵争战总是
最为激烈的。不论神在哪里动工，你会发现撒旦也
会在哪里伺机而行。仇敌的名字基本上是「抵挡者」
的意思。多么真实啊！牠抵挡神的计划和祂的百姓。

(参撒迦利亚书三：1) 牠无法不这么行，因为牠受制于自己的天性。

我们要参与属灵争战，好让神对祂子民的旨意可以实现，这是至关重要的。但以理是一个极佳的典范，透过祷告与禁食，但以理影响了历史以及他所属百姓的命运。

在此先做个简短的复习，一起来看但以理书十章的几处经文，然后我会针对属灵争战的部分给予评论。

> 当那时，我 — 但以理悲伤了三个七日。美味我没有吃，酒肉没有入我的口，也没有用油抹我的身，直到满了三个七日。

请注意这里强调三周的时间，在三周之后天使加百列来到他面前，并且讲了几句话，其中最重要的就是下列经文：

> 但以理啊，不要惧怕！因为从你第一日专心求明白将来的事，又在你神面前刻苦己心，你的言语已蒙应允；我是因你的言语而来。但波斯国的**魔君**拦阻我廿一日。忽然有大君（就是大使长）中的一位米迦勒来帮助我，我就停留在波斯诸王那里。
>
> (但以理书十：12-13)

神差遣的天使被波斯国的魔君抵挡了廿一天。最后，属神的另一个天使（就是天使长）米迦勒只好出面协助争战。在但以理书后面的章节，米迦勒被称为「**保佑你本国之民（以色列）的天使长**」（但以

理书十二：1）。在诠释圣经时，你会发现下列的信息很有帮助：每当米迦勒现身，以色列就会站上人类历史的舞台。这是因为米迦勒这位天使的工作就是看顾以色列。（相信我，这是很不容易的工作。）

加百列对但以理说：

> 你知道我为何来见你吗？现在我要回去与波斯的魔君争战（换句话说，争战还没结束），我去后，希腊的魔君必来。

那位天使指出，希腊将会是下一个外族人的帝国，所以下一阶段他会跟这个帝国的魔君在灵界争战。从这段记载中，我们了解在这些人类帝国的历史背后都有属撒旦的势力，这可以用来解释在他们身上的事情为什么会发生。如果你只看在人类层次发生的事件就无法全盘了解人类历史。真正决定地上各国各民命运的力量是源自天上的。

接着加百列说：

> 但我要将那录在真确书上的事告诉你。除了你们的大君米迦勒之外，没有帮助我抵挡这两魔君的。
>
> （但以理书十：21）

我们再一次看到这里提到天使长米迦勒的重要角色。让我们继续看十一章第 1 节的经文，里面有着同样的信息：

> 当米底亚王大流士元年，我曾起来扶助米迦勒，使他坚强。

上述的例子清楚说明天使曾介入人类历史。为什么神的天使要为大流士挺身而出？答案很清楚。神的子民以色列曾被巴比伦帝国捉拿并俘虏，而大流士是波斯帝国的统治者，这个帝国摧毁了巴比伦帝国，释放神的子民回到自己的国家。这是神的计划。

我们都要记得，在历史的水平轴上人类所有势力的背后，总有一个垂直轴是天使的力量在运作（神的天使与撒旦的使者皆然）。要解释人类历史，就一定要提到这两者的交互作用。

被托付了属灵能力

我们身为基督徒，在属灵争战的过程中又具有何种重要性呢？因着神给了我们（单单给我们）武器，我们可以代表

被撒旦及地国度攻击的人用这些武器介入争战。某些政府拥有庞大的军队与武器，可以用来与其他国家打仗或者抵抗攻击。

但只有基督教会拥有「军事硬件」来介入天上的属灵国度。正如我们在但以理的例子上所见，在天上的得胜者最终会决定历史的方向。所以，为了历史的缘故你可以采取的最重要

行动就是作个代祷者。你将透过祷告穿透天上属灵的议题，并决定地上各国的历史。我重申一次，但以理书中所提到天使的争战，以及但以理透过禁食祷告参与争战，是这个真理的绝佳例子。

正如我先前提过的，属神国度的公民已经是属灵争战的一份子，这对他们来说是没得选择的。我们可以做出的惟一决定就是我们是否要藉着信靠耶稣基督以及顺服祂主权进入神的国度。如果你已经是祂国度的一份子，那么你正在与撒但的国度争战。你只需要认清这个事实，在属灵上获得装备，学习如何与撒但的国度争战。因为，你不起身应战，你就会在属灵争战中死伤惨重。在下一章中，我们要进一步讨论如何接受属灵装备以及学习争战。

第四章
属灵争战的七件武器

现在请翻到以弗所书六章，透过检视使徒保罗针对属灵争战这个主题的劝勉，我们可以了解如何接受装备参与属灵争战。我们从 13 节开始看在这节经文的开始，保罗用了「所以」。在我许多著作中，我讨论过当你看到圣经中用到「所以」的时候，你得了解什么是这件事情的「原因」。就这个例子来说，这边的「所以」是针对第 12 节而说的。在第 12 节所提到的我们在上一章已经读过，它描述了撒旦在天上 (the heavenlies, or heavenly places) 的国度：

> 因我们并不是与属血气的争战（原文是摔跤），
> 乃是与那些执政的、掌权的、管辖这幽暗世界的，
> 以及天空属灵气的恶魔争战。
>
> （以弗所书六：12）

现在我们知道「所以」的「原因」何在，一起读下一节：

> 所以，要拿起神所赐的全副军装，好在磨难的
> 日子抵挡仇敌，并且成就了一切，还能站立得
> 住。
> （以弗所书六：13）

这一节说到，磨难（邪恶）的日子正要来到。不论你喜不喜欢，我们每一个人都即将面临邪恶的日

子，保罗也说，我们最好穿戴军装作为准备。我们是否能够坚强站立，有赖于我们是否穿上必要的装备。

属灵争战的军装

在以弗所书六章 14-17 节中，保罗列出我们所需的属灵军装的内容。他也透过当时罗马军队的例子提供了属灵军装的一副图像。我们会简短地复习六种主要的军装配备，然后再讨论最后一种能打退撒旦、威力强大的武器。

「所以要站稳了，用真理当作带子束腰」（14 节）。我们要穿戴的属灵腰带就是真理的带子。

「用公义当作护心镜遮胸」（14 节）。护心镜可以遮盖胸腔部位，并能保护心脏。属灵上而言，保护我们的护心镜是公义，那不是人因善行累积的义，而是信靠基督而得的义。

「又用平安的福音当作预备走路的鞋穿在脚上」（15 节）。这是指能保护你的脚、让你能走很远、很快的草鞋，罗马军人经常穿这样的鞋子。我们的属灵草鞋是「以平安的福音当作预备」。有没有一种方式，我们可以预备自己去传福音给他人？彼得写道：「只要心里尊主基督为圣。有人问你们心中盼望的缘由，就要常作准备，以温柔、敬畏的心回答各人。」（彼得前书三：15）

「此外，又拿着信德当作盾牌，可以灭尽那恶者

一切的火箭。」(16 节) ── 在罗马式的战争中，士兵们使用形状像一扇门的大型盾牌，可以用来保护身体的各个部位，不致被仇敌的箭射中。同样的，「**信德的盾牌**」可以帮助我们避开仇敌的「火箭」。

「**并戴上救恩的头盔**」(17 节)。头盔可以保护你的头部。你的头代表什么呢？就是你的思想。神知道保护我们的思想对我们很重要，所以祂供应了救恩的头盔给我们。帖撒罗尼迦前书五章 8 节说：「**把得救的盼望当作头盔戴上。**」盼望可以保护你的思想，你必须是个正面思考的人，如果你是个悲观的人，你的思想就会遭受撒旦攻击，这是我从经验中得知的。我生来是个悲观的人，生长环境也很悲观，所以我的内在思想充满着痛苦，直到我明白我需要改变。我必须训练自己戴上头盔保护我的思想。

「**并……拿着圣灵的宝剑，就是神的道**」(17 节)。神的道指的就是神口里所说的话。

到目前为止，我们看过了六种装备。除了最后一项之外，前五种都是防卫式的，是用来保护自己的装备。而宝剑 ┬或者说是神口里所说的话┬则是进攻（攻击）式的武器。然而，一把宝剑可以砍杀的人只有手臂能及的范围之内，所以我们现在一起来看第七项武器：

「**靠着圣灵，随时多方祷告祈求**」(以弗所书六：18)。我们可以使用在圣灵里面「**多方祷告祈求**」这个武器去攻击撒旦在天上的国度。这第七项的战争配备就是我所称的「属神的洲际导弹」。

现在我们来复习一下我们面对属灵争战时必须使

用的这七样属灵军装的装备：

一、真理的腰带

二、公义的护心镜

三、平安的福音当作预备走路的鞋

四、信德的盾牌

五、救恩的头盔

六、圣灵的宝剑

七、多方祷告祈求

第二部
击败「壮士」

第五章
捆绑壮士

在这一章中，我们要处理属灵争战的关键内容。回到一开始提到的马太福音十二章，我要向各位多解释一节经文，希望可以激发你的思考。说真的，这是我惟一能做的，但我知道这样做已经很充足了。如果教会开始懂得思考，我们就不会被仇敌打败。我一直觉得马丁路德当初在启动宗教改革时，先把九十五条论纲钉在威登堡教堂的大门上，是很令人敬佩的一件事情。他不可能把所有的答案都钉在上面，他所能做的，也只是促使大家开始思考罢了。当大家开始思考，事情就开始改变。学习思考是很重要的一件事情。

关于争战的关键思考

在马太福音十二章 29 节中，耶稣提出了一个关键性的思考，那是关于神的国度与撒旦国度的争战：

> 人怎能进壮士家里，抢夺他的家具呢？除非先捆住那壮士，才可以抢夺他的家财。
>
> （马太福音十二：29）

这个思考被我称之为「壮士的原则」。耶稣让我们看见一幅图像，说到有位壮士（一位暴君、残暴的统治者）的家，他手下有很多奴隶，并在家里放

了各式各样偷来的东西。他拥有整个家的控制权，要进到他家中释放奴隶或是把赃物拿回来都是非常困难的。假如你真的进得去了，在你释放壮士的奴隶与取回赃物的过程中，你都得先试着打赢他。

你是否看到当你试着要在这种情况下击退壮士，可能要面对的情况？最后你很可能会受到重伤。耶稣明智地指出，光是进到壮士家里并不是解决问题最合逻辑的方式，合乎逻辑的方式是一开始就先把壮士捆绑起来。首先，把他绑起来，用东西塞住他的口。接着，你就可以自由进出他的家，可以自行拿走属于你的东西，且可以释放他的奴隶得到自由。

这是一个重要的属灵原则。如果你想要在任何境况中成功，都必须先找出那个状况中属撒旦的「壮士」是谁或者是什么东西。接着，当你捆绑了壮士之后，你就可以做需要做的事情。可是原则在于要先把壮士捆绑住，然后才能释放被他俘虏的人，夺回失去的东西。

正如我之前写的，撒旦国度有位阶之分。每一个阶级都有恶天使负责监管，每个恶天使都有不同的责任，位阶越低的恶天使就负责越小的区域。一般而言，你不需要从最高层级开始进行属灵争战，你只需从你所在的层面开始。先学习争战的原则，再学习如何在较小的区块中加以实践。接着，你就可以晋升到与掌管一座城市，甚或是一个国家的壮士争战。

或许你面临的问题跟试着想要成就神的旨意相关。你可能看不到自己在家中、事业、教会中有任

何属灵突破的盼望。不知怎么的，事情就是不如你预期的顺利，你也因着这样的遭遇而感到疑惑。我的看法是，有可能在你面对的问题上，有个壮士正在抵挡你。老实说，除非你先处理好壮士的问题，否则你不会真正的成功。

认清楚你人生中的壮士

我还记得自己曾遇过需要处理壮士问题的情况。这情况跟我的家人有关。多年来这个家庭只有九个领养的女儿，后来却发展成拥有将近一百二十个家庭成员！总体来说，我们深受祝福，家庭也很幸福。我们彼此相爱，在各种艰难的情况中都团结在一起。虽然家人分散在世界各地，却仍会保持联络。

但有一次的情境让我意识到我家庭当中存在一个壮士。容我先说明一下背景。

在我第一任师母莉迪亚过世后，有两年半时间，我是孤家寡人一个。直到之后和路得师母结婚。在我家里有一个传统，我们每个圣诞夜都会聚在一起庆祝。当时我们在某次圣诞节前计划了家庭聚会，而因为那时候我家里够大，所以就决定在我家聚会。

在圣诞夜前一晚，我思考着即将来临的家庭聚会。虽然我们彼此相爱，也很享受美好的关系，可是当全家人一起聚集的时候，我总是感受到一种紧张感，那是一种压力。我想有一部分是因为女儿们都希望我对他们各自的小孩展现出更多兴趣，而不是这么看中其他姐妹的孩子。我对自己说：这情况的背后

一定有什么问题。

那天晚上大约十一点我躺在床上，我说：「主啊，这状况的原因是什么？」在我房间内的天花板底下马上就出现了一道灰色雾气。我明白神让我看到的是让我家人之间的关系遇到困难的势力。于是我问神：「那是什么？」祂对我说：「自以为义。」

听到这个答案我思考了一下，接着我想到我的第一任师母。莉迪亚是很棒的基督徒，但是她跟许多虔诚的基督徒一样，都很重视要怎么做才对。虽然这样的忧虑通常动机良好，可是却可能有自以为义的倾向。接着，我想到自己，我承认这个事实非常吻合我的情况！透过主的帮助，我看到我的家庭在某程度上受到自以为义的灵影响着，因为我跟我的第一任太太都向这样的想法敞开。

事实上，在家庭的结构中，父母应当成为属灵的保护伞去保护孩子。但是如果这把伞破了洞，仇敌就可以侵入并且制造问题。我决定我需要采取的第一步是悔改，弃绝我的自以为义。（如果自己有问题，就不太能为别人做什么，而我确实有这个问题。）接着我说：「主啊，奉耶稣的名，请祢把控制我家的自以为义的势力除去。」隔天当我们全家聚集时，气氛跟过去的聚会大不相同。过去在许多节日曾经压迫我们的东西就这么凭空消失了。

这只是壮士真实存在的一个例子。你可能是一个基督徒生意人，你诚心渴望能为主使用自己的财务与才干。但是，不知怎么地，你的生意就是不成功。每当你正要突破之际，成功总是擦身而过。我想或

许有某个壮士的势力正在压制你的事业。

　　不论你的情况为何，你要求神向你显明那个壮士是什么，因为只有神知道你遇到的困难有何解决之道。当神显明的时候，你要悔改认罪，接着要捆绑那个壮士，你就能进入神渴望赐给你的完全的生命与丰盛。

第六章
控制各国的壮士

今我们已经了解在个人层面上关于捆绑壮士这关键思考的基本论述，接着我们要继续讨论下一个层面，因为壮士的原则同样可以应用在国家层面。

有一次，我在纽西兰讲这个主题，有人问我：「辖制纽西兰的壮士是什么？」起初我说那是他们的属灵领袖应该去找的答案。可是其他人一直追问，后来有一天主也向我显明答案，最后，我因为他们的坚持而终于弃械投降说：「如果你们真的想知道，我相信辖制纽西兰的壮士是冷漠。」

我想在此说明，我爱纽西兰的百姓，他们是温暖、友善的人民。然而，从某一方面来说，他们对待人生却不够认真。

他们的态度一向是：「船到桥头自然直。」事实上，他们有种说法：「杰克，她会变好的。"She'll be right, Jack."老兄，没事的。」

很意外地在我说出答案前，我有个朋友参加聚会时迟到，急忙坐到他女儿身旁，他是纽西兰当地有名的商人。就在我说我觉得神已经告诉我纽西兰的壮士是什么的同时，这个人也刚好转身对女儿说：「就是冷漠。」我得说自从那几次聚

会后已经过了许多年，而纽西兰这个国家基本上在政治、社会、属灵上都一直在走下坡，主要的问题就是冷漠。我认为除非纽西兰的基督徒愿意先好

好处理这个问题，否则他们无法真的妥善处理该国的问题。

断开锁链

不只是纽西兰基督徒会追问，在澳洲的聚会中我也被问到同样的问题，他们要我分辨该国的壮士。我告诉他们：「如果你们想知道我的想法，澳洲的属灵问题是拒绝。」我已经学会怎么小心地讲出澳洲人的情况，但我现在可以在这里很勇敢地说，我这番话也是出于对澳洲人强烈的爱而说的。

或许你们知道，也或许不知道，澳洲一开始是个受刑人的殖民地。按照习惯，囚犯们有机会选择流放到澳洲去 但他们往往是被迫来到澳洲受刑。因此，在澳洲人的思想中很容易发现他们感受到被放逐或者被拒绝。

有一次，我在澳洲讲这个题目时，神让一个参加聚会的纽西兰人领受到一则关于澳洲很美的预言。在预言中，神说祂要医治澳洲，而且祂对该国充满了怜悯之情。事实上，神把澳洲称为「肇生于锁链的国家」，但是主说祂要断开这些锁链。我相信这个预言，我相信在不久的将来澳洲会有大复兴。

影响国家的财富

那么捆绑美国的壮士是什么呢？当然影响美国的

势力有很多，但是我会说本质上就是悖逆。我注意到很奇妙的一种现象：当我们英国人提到美国立国的历史时，就会提到美国独立战争（the American War of Independence），但美国人却将它称之为美国革命（the American Revolution）。这岂不是非常令人吃惊吗？请记住，我不是批评那些反叛的人。如果我是乔治华盛顿时代的殖民开拓者，我也会做同样的事情。不过美国这个国家是在悖逆中孕育出来的也是个事实。圣经告诉我们，有一件事情跟悖逆紧紧相系：「**悖逆的罪与行邪术的罪相等**。」（撒母耳记上十五：23）。因此，美国有另一个强大势力就是巫术。上述是几个简单的例子，提到某些国家如何受到壮士的影响或是受到控制。我想我该停止这种讨论，以免又冒犯了谁，但无论如何我们还是继续说下去吧。

辨认壮士

英国人的问题又是什么呢？英国人是很复杂的，很难简单用一个词汇去表达他们的问题。然而，我愿意试试看。我告诉人家如果你想知道美国人与英国人的差别，（刚好我有两个国籍），美国人会告诉你他们有多好，而英国人则期待你知道他们的好，连说都不用说！

我丝毫不怀疑英国的壮士就是骄傲。我再说一次，我无意批评，我只是陈述事实，我说这一切都是出于我对这些国家的热爱。

我的目的是诊断出主要的问题，也就是辨认出壮士是谁，进而帮助我们有效地处理问题。重点在于，无论讲到个人还是国家，第一步就是要辨认该情况中的壮士，接着就开始透过祷告捆绑他。

第七章
击退壮士

现在第二部即将结束，我们一起来检视其他一些火力强大的属灵武器，让我们用以击退壮士。

「捆绑」与「释放」

首先，我们要透过祷告去「捆绑」与「释放」属灵的势力。耶稣给了我们下列重要的启示：

我实在告诉你们，凡你们在地上所捆绑的，在天上也要捆绑；凡你们在地上所释放的，在天上也要释放。

多么美妙的说法！容我这么翻译这节经文的希腊原文：「**你在地上所捆绑的，在天上就已经受到捆绑。**」也就是说，当你在地上捆绑什么的时候，在天上就已经捆绑了。你可以了解这项真理的重要性吗？

我们有能力干预属天的领域。如果我们在地上做得合乎条件，就可以捆绑地上的事物，使天上的事物也被捆绑。同样的，我们可以释放地上的事物，使天上的事物也被释放。

因此，如果我们能够辨识出一群人（一个家庭、社群、或甚至是国家）是受到某种属灵势力所捆绑，就能采取行动去松开那些力量的捆绑，使人得到自

由。我要再用希腊文来说：「你在地上所释放的，在天上就已经得着释放。」耶稣已经很清楚地说，只要你在地上释放一些势力，它们在天上也要被释放。从一方面来看，遇到不同的情况时，我们并非等候神去动工，反而是神在等我们动手。被动的态度并不蒙神悦纳。

同心合意

接着，耶稣还加上了一种我们必须意识到的情况：

我又告诉你们，若是你们中间有两个人在地上同心合意地求什么事，我在天上的父必为他们成全。

（马太福音十八：19）

在希腊原文中，被翻译成「同心合意」的词汇意思是「和谐地演奏或是促成和谐」。耶稣把捆绑与释放的应许跟促成和谐的情况做连结。如果两个人可以在祷告中和谐一致去祈求某件事情，就能得着所求。然而，要和谐并非这么容易。

我相信主赐这个应许的理由是，我们要能达成和谐的惟一方式就是藉着圣灵。如果我们藉着圣灵能达到和谐一致，就能达成神所要的同心合意。所以，如果丈夫能跟妻子同心合意，就能领受他们所祈求的一切。但是我要再次强调，同心合意其实是很庞大的挑战，特别是对基督徒夫妻来说。夫妻不太容易在祷告中达成和谐。

差一点就达成和谐还挺容易的。然而，从音乐的角度来说，差一点就达成和谐指的是令人刺耳难受。你会发现魔鬼会想尽办法破坏你们的和谐，因为牠害怕同心合意祷告的力量。

感谢

另一项超厉害的武器就是把感谢归给神。在耶稣的事工中，牠曾透过感恩成就过一项非常有趣的事情。在约翰福音六章中，我们发现耶稣喂饱五千人的记载：

> 耶稣拿起饼来，祝谢了，就分给那坐着的人；分鱼也是这样，都随着他们所要的。
>
> （约翰福音六：11）

当我们读到这节经文，你是否曾注意到耶稣并没有祷告？祂当时只有祝谢，而为着五个饼两条鱼祝谢则使这一点点的食物变得足够喂饱五千人呢！

请注意圣经接下来的经文怎么说：

> 然而，有几只小船从提比哩亚来，靠近主祝谢后分饼给人吃的地方。

是什么让神迹成真？原来又是感恩的行动（与态度）。

赞美

赞美神是额外给的属灵武器。神的话语这么说：

你因敌人的缘故，从婴孩和吃奶的口中，建立了赞美（译注：英王钦定版以及新英王钦定版都翻译成「能力」，中文和合本也作「能力」，这里照原书的英文经文翻译成「赞美」），使仇敌和报仇的闭口无言。

「仇敌和报仇的」 就是撒旦。牠需要闭口无言，因为牠经常在神的宝座前控告你我。（参启示录十二：10）。神不用自己让撒旦闭嘴，因为祂已经赐给我们武器。

在使徒行传十六章中，我们读到保罗跟西拉被下到监里，他们被关在守卫最严密的监狱区，他们被锁链链住，脚上还有木狗（脚镣）。半夜时分，当他们祷告赞美神时发生了一件事情。神让地大震动，使得整座监狱都发生了难以预料的事情，地震大到所有监狱的门都打开了，也让囚犯的锁链都解开了（参使徒行传十六：19-26）。究竟是什么打开了监狱的门呢？是赞美的大能。

宣告

宣告的能力是一项武器，是教会需要学习的主要事物。

当神呼召摩西去埃及拯救以色列人脱离奴役时，

摩西却对神说：「神啊，我什么能力都没有。」神则回应摩西，询问他：「你手里是什么？」（参出埃及记四：2）用我的话来说，摩西当时这么回答：「那只是我的牧羊人之杖。」于是神就对他说：「丢在地上！」当摩西做了神命令他去做的事情，他的杖立刻变成一条蛇，他害怕地立刻跑开。摩西根本没有察觉自己手上所拥有的能力。神接着对摩西说：「要拯救以色列人只需要用你这根杖，好好使用它吧！」（参出埃及记三：1～四：17）藉着这根杖，摩西代表神与法老进行争斗，最后带领以色列民脱离埃及的统治并得着自由。（参出埃及记五～十六章）

你或许会说：「我什么都没有。」但神却说：「你手中有什么呢？」对我们多数人来说，我们手中所有的就只是一本圣经。而这就是你所需要的一切，只要拿着那根「杖」伸出去。你只要伸出手杖，宣告圣经所说关于你的事情。

我鼓励你每一天都要作圣经的宣告。因此，在本章最后我们就大胆地来宣告申命记卅三章 25-27 节：

> 你（我们）的门闩是铜的，铁的。你（我们）的日子如何，你（我们）的力量也必如何。耶书仑哪，没有能比神的。祂为帮助你（我们），乘在天空，显其威荣，驾行穹苍。永生的神是你（我们）的居所；祂永久的膀臂在你（我们）以下。祂在你（我们）前面撵出仇敌，说：毁灭吧。

问题就此解决了！

如果你每天这样宣告神的话，你应该会看到你在生活、家庭、教会甚至事业中的壮士都被除掉。除了在第四章检视过的几项属灵争战武器，以及本章提到的其他武器：捆绑与释放、感恩与赞美之外，还要再加上宣告。这么一来，你应该就可以在属灵争战的领域中得胜有余。

在本书第三部分中，将会提到教会在国家中的角色，我们会进一步把这些原则拿出来使用。其中，特别要提到基督徒的责任，亦即如何除去「邱坛」，以及攻破坚固营垒。

第三部

拆除「邱坛」

第八章
「邱坛」的罪过

当我们检视「邱坛」这个概念时，我一开始就要提出一个挑战：我要你们全心全力思考接下来要讨论的内容。为了达到这个目的，我们一起来看耶稣曾遇见的某个事件。在耶稣的事工生涯中，祂经常受到当时宗教领袖的挑衅，这些人往往存心要陷祂于不义，试图要让祂在言行上失去公信力。在一次这类的冲突中，有一位文士因着耶稣的智慧深感佩服，走向前来说：**「诫命中哪是第一要紧的呢？」**（参马可福音十二：28）

耶稣的答案是什么？请注意下列这几样爱神的要点：

> 「你要尽心、尽性、尽意、尽力爱主你的神。」
>
> （马可福音十二：30）

我们不能忘记在爱主的时候，理智（**尽意**）、心性（**尽心尽性**）和力量（**尽力**）是同等重要的。我之所以强调这一点是根据经验。因为在我作基督徒追寻信仰的不同阶段中，我教导过来自各个宗派的团体。那些团体多半相信当他们参加聚会时，可以把自己的脑袋放在停车场的车子上，因为在教会里面根本用不到。

正如我在前面所强调的，基督徒如果要击退撒旦，

就必须学习思考。若要完全地掌握除去邱坛这个主题的重要性，你会需要用到脑袋。

重复的警告！

提出本章所强调的内容的想法开始于几年前，那时候我正在研读列王纪上下。在那卷书中，有一句不断重复的话吸引了我的注意力：「**只是邱坛还没有废去。**」（参列王纪上十五：14，廿二：43；列王纪下十二：3，十四：4，十五：4、35。）

我对自己说：「如果神在圣经中这么费心地一再重复这句话，它必定有其重要性。」我在脑中记下，我得找时间深入研究「邱坛」一事。因为有时候，我会把事情储存在脑中「待处理档案夹」中暂不处理。

让我大吃一惊的是，过了大约五年之后，当我在为一场演讲作准备时，主让我想起那一件事。我感觉到祂向我显明该是时候着手研究邱坛的主题跟祂的子民作分享。不久之后，我在一所大学分享这个主题，有为数众多的学子参加讲座。他们来听，是希望打开脑袋以奠定人生成功的基础。他们了解，要成为成功的基督徒需要动脑筋。

所以，当我们研究「邱坛」这个议题时，要做好准备动动你的脑筋。你需要回到过去，那是个遥远的历史时期，而且你要深入一个与我们截然不同的文化。当你这么做，你就立即可以了解为什么神要我们了解旧约「邱坛」的问题。这是因为这个问题

对今天的教会跟过去对以色列民一样重要,而在那时候神曾断然警告过祂的子民,不可使用邱坛敬拜神。

第九章
真实敬拜的场所

当以色列人进入神所应许的地方时，迦南人还占领着那块土地。这些迦南人是邪恶的民族，他们的邪恶本质表现在敬拜偶像这件事上。我相信拜偶像是最大的罪恶，且会导致极大的灾难。犯拜偶像的罪就是违背十诫中的第一条诫命：

「除了我以外，你不可有别的神。」

（出埃及记二十：3）

在迦南文化中，其偶像崇拜中最著名的就是令人憎恶的一种习俗，他们会把婴儿放在火炉上烧死，作为神祇摩洛（Molech）的供物。迦南人通常是在所谓的「邱坛」（high places）作献祭。

「邱坛」的英文词汇 high places（高处）意指乡村地带的高山山顶和小山丘，多数是建立在拥有高耸树林之处。这就是为什么你会看到旧约历史书与先知书中一再重复下列这种句子：**「无论是在高山，在小山，在各青翠树下」**（申命记十二：2）。我们会发现，这种描述都跟神所憎恶的偶像崇拜有所关联。

忽视神的警告

建立邱坛的主要目的是用来敬拜异教神祇。在进入应许之地前，神就已经清楚地警告以色列民关

于邱坛的事情。在申命记我们清楚地看到神的警告，神在那里告诉他们：「在你们进入那地之后，我不希望你们行迦南人所行的恶行。我给你们的计划是不同的。我会指定某个城市里面的特定地点让你们用来敬拜我，你也可以在里面献祭。我不希望你在任何其他地方敬拜我。」

神曾明明且强烈地警告以色列人不可使用邱坛。祂曾透过摩西这么说：

> 你们存活于世的日子，在耶和华 — 你们列祖的神所赐你们为业的地上，要谨守遵行的律例典章乃是这些：你们要将所赶出的国民事奉神的各地方，无论是在高山，在小山，在各青翠树下，都毁坏了；也要拆毁他们的祭坛，打碎他们的柱像，用火焚烧他们的木偶，砍下他们雕刻的神像，并将其名从那地方除灭。你们不可照他们那样事奉耶和华 — 你们的神。但耶和华 — 你们的神从你们各支派中选择何处为立祂名的居所，你们就当往那里去求问，将你们的燔祭、平安祭、十分取一之物，和手中的举祭，并还愿祭、甘心祭，以及牛群羊群中头生的，都奉到那里。

不要搞错了，神的意思是：「我要选择一个地方，我要把我的名立在那里，那是我的居所。那是我惟一准许你们献祭以及敬拜我的地点。」

神的名同在的地方

前述经文所指的神的居所就是耶路撒冷，在圣经记载里面又过了一段时间以色列人才慢慢明白这件事情。虽然还有许多人不懂，但是这就是为什么今日犹太人会在西墙这个特殊地点敬拜神。这是他们最能够靠近圣殿的地方，因为真正的圣殿现在已成为伊斯兰教的清真寺。

犹太人心中很清楚且深深相信没有其他地点可以供他们献祭。因此，在他们的思想中，他们的未来取决于是否重新夺回那个地方，因为如果不夺回，就不能进行真正的献祭。或许你无法了解这种心态，但在中东地区这是极具争议性的议题。这是穆斯林与犹太人冲突的交锋之处，也让我们知道神的话语仍与今日世界息息相关。

回到经文，我们读到：

那时要将我所吩咐你们的燔祭、平安祭、十分取一之物，和手中的举祭，并向耶和华许愿献的一切美祭，都奉到耶和华 — 你们神所选择要立为祂名的居所。

从上述经文中，我们了解神希望设立一个地点是立祂名的居所，一旦那个地点被建立起来，以色列民就不该到任何其他地方去敬拜祂。

第十章
持续冲突的起源

在以色列的历史上，从以色列的王朝建立直到遭到巴比伦俘虏时期，关于邱坛一事一直产生冲突。以色列人不断在挣扎，不知该选择顺服神然后只在指定地点敬拜祂，或是该选择悖逆神并回到邱坛去敬拜。

在列王纪上三章中，我们一窥了这个挣扎的有趣之处。虽然我们目前所检视的事情发生于三千年前的以色列历史中，但它却完全可以应用在今日你我的生活中。先来读下列经文，一起为这个应用原则打造基础：

> 所罗门与埃及王法老结亲，娶了法老的女儿为妻，接她进入大卫城，直等到造完了自己的宫和耶和华的殿，并耶路撒冷周围的城墙。当那些日子，百姓仍在邱坛献祭，因为还没有为耶和华的名建殿。
>
> （列王纪上三：1-2）

在这时候，以色列民是向主献祭，并不是向偶像献祭。但因为耶路撒冷的圣殿还没有完工，所以他们选在邱坛献祭。但圣殿才是神立祂名的居所。

所罗门的软弱

从列王纪上三章的经文继续看下去，我们看见所罗门跟大卫之间强烈的对比：

所罗门爱耶和华，遵行他父亲大卫的律例，只是还在邱坛献祭烧香。

在这里我们看到大卫和所罗门之间极大的差异。大卫从未在邱坛敬拜神，所罗门却有。从某个角度来看，这就是所罗门的软弱，至终也导致所罗门的失败。

为了作出比较，我们一起来看历代志下的一段记载，这件事情发生在圣殿尚未建好之前，那时候所罗门已被膏立为王：

所罗门和会众都往基遍的邱坛去，因那里有神的会幕，就是耶和华仆人摩西在旷野所制造的。

（历代志下一：3）

请注意在下一节经文中，圣经做出重大的区分，它说基遍并不是耶路撒冷。

只是神的约柜，大卫已经从基列·耶琳搬到他所预备的地方，因他曾在耶路撒冷为约柜支搭了帐幕。

（历代志下一：4）

大卫早就知道神希望以耶路撒冷作为敬拜之处的事实。大卫并没有把约柜移到基遍去，而是把约柜

搬到他预备好的地点耶路撒冷去。

撒母耳记下描述在约柜从非利士人手中夺回后，大卫把约柜带回以色列的情形。

> 这样，大卫和以色列的全家欢呼吹角，将耶和华的约柜抬上来。耶和华的约柜进了大卫城的时候，扫罗的女儿米甲从窗户里观看，见大卫王在耶和华面前踊跃跳舞，心里就轻视他。（这件事情她做错了！）众人将耶和华的约柜请进去，安放在所预备的地方，就是在大卫所搭的帐幕里（不是摩西制造的会幕）。大卫在耶和华面前献燔祭和平安祭。（撒母耳记下六：15-17）

大卫明白在主指定的地点耶路撒冷敬拜有其绝对的重要性，因耶路撒冷是「大卫之城」。虽然摩西的会幕是在基遍，当时圣殿也还没盖好，但大卫这位合神心意的人（参撒母耳记上十三：14；使徒行传十三：22）却说：「耶路撒冷这个地方就是我要敬拜神的地方。」

请善用你的理智思考现在所讨论的议题，因为在接下来的段落中，这些原则能应用在我们的人生中。

偏离靶心

大卫的儿子所罗门诚然在许多事情上随从大卫的脚步，但是所罗门在这方面却采取跟父亲不同的做法。在圣殿还没有盖好之前，他选择继续在邱坛敬拜神。

你会发现在所罗门晚年的经验中，这看起来微不足道的差异却形成了痼疾。只要你稍微偏离神的道路一点点，走得越远，偏离的角度就越大。

在列王纪上十一章，我们读到这历程后来如何使所罗门的一生偏行己路：

> 所罗门为摩押可憎的神基抹和亚扪人可憎的神摩洛，在耶路撒冷对面的山上（橄榄山）建筑邱坛。
>
> （列王纪上十一：7）

列王纪上十一章 8 节告诉我们所罗门为他所娶的每一个外邦女子建立邱坛，供她们敬拜自己的外邦偶像。接着，下面两节这么说：

> 耶和华向所罗门发怒，因为他的心偏离向他两次显现的耶和华 — 以色列的神。耶和华曾吩咐他不可随从别神，他却没有遵守耶和华所吩咐的。
>
> （列王纪上十一：9-10）

我相信到现在你应该可以明白，「邱坛」这个议题在神眼中有多么地重要。接下来在第十一章中，我们将要提到在以色列诸王的历史中不同君王又是如何看待邱坛，并且我们会惊讶发现，很多内容能应用在你我的今日生活中。

第十一章
悲剧性的模式

如果你读了以色列诸王的整段历史，你会看到令人疲惫不堪的模式一再重复，也就是以色列国不断重复迦南人错误的行径。是的，当我们简短检视在以色列历史中它如何重复陷入错误的属灵习惯时，要记得这个急迫的问题：我们的国家是否也落入同样的光景？

在所罗门的治理期间，以色列国分裂成两个王国：耶罗波安统治北国以色列，罗波安则统治南国犹大。两个王都回复到邱坛去献祭。在列王纪上十二章，我们读到耶罗波安王的悖逆：

> 耶罗波安在邱坛那里建殿，将那不属利未人的凡民立为祭司。

根据历史记载，耶罗波安不只在邱坛上献祭，还指定了不该负责献祭的祭司。

列王纪上十四章告诉我们，所罗门王的儿子罗波安也在邱坛献祭：

> 所罗门的儿子罗波安作犹大王。……犹大人行耶和华眼中看为恶的事，犯罪触动祂的愤恨，比他们列祖更甚。因为他们在各高冈上，各青翠树下筑坛，立柱像和木偶。

你是否开始看出重复的模式呢？同样的模式不断

持续又一再重复。

「他行神眼中看为善的事，但……」

神兴起了罗波安的儿子亚撒，他是个好王。在列王纪上十五章里面有关于他的记载。

> 以色列王耶罗波安二十年，亚撒登基作犹大王……亚撒效法他祖大卫行耶和华眼中看为正的事，从国中除去娈童，又除掉他列祖所造的一切偶像。 （列王纪上十五：9、11-12）

但是亚撒王仍未达标准，我们在第 14 节中读到：「**只是邱坛还没有废去。**」

亚撒的改革工作有些进展，但他无法完成完整的改革。他重建了真神的敬拜，但他没有重建正确的敬拜地点。相反地，他保留着邱坛。

列王纪上下这一再重复的句子再度出现：「**亚撒……行耶和华眼中看为正的事，……只是邱坛还没有废去。**」亚撒之后的王是约沙法，他也是个正直的王。他除去所有的偶像，也重建了对耶和华的真实敬拜。但邱坛还是没有废掉。

在约沙法之后，还有一个好王亚玛谢，他也重建了对耶和华的敬拜，但邱坛还是没有废去。

约阿施七岁时登基，行耶和华眼中看为正的事，只是邱坛还没有废去。

约阿施死后不久，亚撒利雅（又名乌西雅）接续他做王。

他维持对耶和华的真实敬拜，但邱坛仍未废去。

约坦又接续亚撒利雅做王，他维持对耶和华的真实敬拜，但邱坛仍未废去。

在上列这些王的统治下，以色列民过着真实与谬误混杂的宗教生活。这六个好王接续启动良性改革，但就仅止于此。他们除去偶像崇拜，可是并未禁止使用以前用以崇拜假神与偶像的地点。神记录下这些王的行为，也就是他们没有废去邱坛。正如我先前提过的，他们敬拜的是真神，不随从其他人去拜偶像，可是他们敬拜真神的地点，却是以前用来拜偶像的地方。上述这些王都只实现部分的改革。他们除去了偶像，却没有除去敬拜的错误根基。

在这六个君王 —— 亚撒、约沙法、约阿施、亚玛谢、亚撒利雅和约坦之后，由亚哈斯接续王位，他不理睬部分的改革模式，直接回复那糟糕的崇拜偶像。圣经形容亚哈斯是非常邪恶的一个王。

（亚哈斯）却效法以色列诸王所行的，又照着耶和华从以色列人面前赶出的外邦人所行可憎的事，使他的儿子经火（他把儿子活活放在火炉上献祭），并在邱坛上、山冈上、各青翠树下献祭烧香。
（列王纪下十六：3-4）

神的度量衡

以色列人一再地转离神，当他们回转归向神时却又不愿完全顺服祂，这种模式令人疲惫不堪。但这种状态却强烈地敲醒我们的理智，使我们得知真理。

有许多圣经真理是以简明、清楚归类的话语作陈述；然而，也有些时候圣经真理是用一些重复的模式加以显明，神引导我们从这些模式中发现很重要的功课。

北国以色列最终遭到亚述俘虏。列王纪下十七章总结了以色列人的罪行，是这些罪恶导致北国开始流亡。我们来读关于当时情况的圣经记载：

> 以色列人（北国）暗中行不正的事，违背耶和华他们的神，在他们所有的城邑，从了望楼直到坚固城，建筑邱坛；在各高冈上、各青翠树下立柱像和木偶；在邱坛上烧香，效法耶和华在他们面前赶出的外邦人所行的，又行恶事惹动耶和华的怒气。　　（列王纪下十七：9-11）

我们可以清楚地看到神与祂子民争论不休的主要议题之一就是邱坛。事实上，每个君王的生平与统治状态都是按照他对邱坛怎么处置来做衡量。

两位好王

在南国犹大历史的末了，有两位君王做到了神等候许久才发生的那件事情。希西家与约西亚都是杰出的好王。

希西家行耶和华眼中看为正的事，效法他祖大卫一切所行的。

你还记得大卫从未去过邱坛献祭，但直到这之前，他的子孙却都无法效法他的榜样。

他（希西家）废去邱坛，毁坏柱像，砍下木偶，打碎摩西所造的铜蛇，因为到那时以色列人仍向铜蛇烧香。希西家叫铜蛇为铜块。希西家倚靠耶和华 — 以色列的神，在他前后的犹大列王中没有一个及他的。

希西家的统治期间有什么特色？是什么作为为他赢得特殊的称赞？那就是他完全除去了邱坛。

令人讶异地，希西家曾经历过关于他儿子玛拿西的一次灾难，而玛拿西或许是所有犹大王中最为邪恶的。你可能还记得，希西家曾经奇妙地延长了十五年的寿命，是他病重时蒙神垂听祷告的结果（参列王纪下二十：1-11）。在他死去时，他的儿子玛拿西才十二岁。所以其实玛拿西是在他多活了的十五年期间生的。如果希西家没有多活那几年，就不会生出这么邪恶的玛拿西。这个事实教导我们，如果神多给我们几年寿数，我们要小心自己怎么使用这些日子。有时候我忍不住想，如果希西家早知道，是否会改变主意呢？如果他可以重新作选择，如果他知道玛拿西会做出什么事，他还会多要那十五年吗？

我们简短地看一下圣经怎么说玛拿西的：

（他）重新建筑他父希西家所毁坏的邱坛，又为巴力筑坛，做亚舍拉像，效法以色列王亚哈所行的，且敬拜事奉天上的万象。

圣经说过，在所有犹大国的王里面，没有像玛拿西那么邪恶的（参列王纪下廿一：2-16）。然而，在

历代志下卅三：10-19 中，我们发现他后来在平前悔改，而神也赦免了他！这就是历史的记载。他是最为邪恶的王，但他的悔改使他得着了神的赦免。

我们一起复习第二位好王的生平。约西亚王行耶和华所喜悦的事情：

> 从前犹大列王所立拜偶像的祭司，在犹大城邑的邱坛和耶路撒冷的周围烧香，现在（约西亚）王都废去……并且从犹大的城邑带众祭司来，污秽祭司烧香的邱坛……。从前以色列王所罗门在耶路撒冷前（译注：英文作「东边」）的邱坛，……王都污秽了。（列王纪下廿三：5、8、13）

很显然地，约西亚掀起对邱坛的战事。在第 15 节中，我们读到：

> 他将伯特利的坛，就是叫以色列人陷在罪里、尼八的儿子耶罗波安所筑的那坛，都拆毁焚烧，打碎成灰，并焚烧了亚舍拉。

你是否看出约西亚王跟其他王的区别何在，为何他能成为特别正直的王呢？在乎他对待邱坛的方式上。即使犹大王多数都敬拜真神，他们却没有除去敬拜偶像的场所。他们准许人民敬拜真神，但却是在不对的场所且在错误的基础上。

第十二章
我们该怎么做?

我们花了很多时间检视以色列历史,但关键问题是那段历史对今日你我具有什么启示?我相信它对我们有所启示。我也相信这就是神为什么在几年之后还要把邱坛这个题目从我脑中「待处理档案夹」里提出来的原因。

我们必须扪心自问以下几个问题:

- **何谓令人可以接受的敬拜神的基础?**
- **何谓来到神面前的根基?**
- **可以用来敬拜的真正场所是哪里?**

即使我们委身于敬拜真神,我们是否要学以色列人那样到崇拜偶像的地方去敬拜神?或者,我们要学大卫、希西家、约西亚一样,摒弃邱坛,只按照神下令的基础去敬拜神?

蒙神悦纳的敬拜

最终的问题在这里:根据新约,什么是蒙神悦纳的真实敬拜的基础?换句话说,在新约当中,什么事情等同于在神指定的地点敬拜神,就是祂「立祂名的居所」?我相信答案在这一节经文中:马太福音十八章 20 节。

　　我待会要说的话，有些可能会给你带来冲击，让你觉得极具争议（我无意说具争议的话，但不知为何我一直都躲不掉。）我们要读圣经新英王钦定本翻译的马太福音十八章 20 节，接着我会告诉大家「叶光明版」的翻译。有一个妇人有一次问我，「叶光明翻译版」的圣经有没有出版，答案是没有。这是我实时性的翻译。我提过，我在十岁就开始学希腊文，我持续学了十五年，已经有资格教大学生。这不代表我讲的都对，但我认为这样的训练给我权利可以表达我对某段经文的原文诠释。

一起蒙引导，信奉祂的名

　　在新英王钦定本翻译中，我们读到：

　　因为无论在哪里，有两三个人奉我的名聚会，那里就有我在他们中间。

　　翻译成「聚会」的希腊文字源是 sunago，字面上的意思是「一起蒙引导」。而 sunago 其中有个字根是动词 ago，是希腊文的「领导」或是「驾驶」的标准字。

　　因此，马太福音十八章 20 节前半节按照字面来翻译，应该翻译成「只要是蒙圣灵引导的……」或是「只要两三个人一起蒙引导」。这里用的是完成式的时态，另外「奉」这个介系词应该是「信奉 进入到」才对：「无论在哪里，当他们蒙引导进入我的名，我就在他们当中。」

主从未应许要在山丘或是在邱坛上与以色列人相遇。但实际上祂却曾说:「**如果你们来到立我名的居所，我会在那里。**」

这段简单的经文包含了许多重要的意涵。如果我们光是说:「只要两三个人一起蒙引导」，那么就会有个问题产生:「是谁引导他们呢?」

答案很清楚，可以在罗马书看到:

因为凡被神的灵（经常）引导的，都是神的儿子。 (罗马书八：14)

这是一处关键的经文。你要如何成为神的子女?透过神的灵重生。但是要长成成熟的神儿女，你得经常受到神的灵引导。

蒙圣灵引导

数百万重生的基督徒不知道要如何做才能蒙圣灵引导，因此，他们一直停留在属灵婴儿的阶段。他们从未长大成熟过。我曾对一大群基督徒讲道，其中多数人都已经得救也被圣灵充满。我常问他们:「你们当中有多少人听过如何重生的道理?」几乎每个人都会举起手。接着，我问他们:「有多少人听过要经常蒙神的灵引导的道?」有正面回应的比率平均少于10%。

这种令人失望的回应指出灵恩复兴运动有一个很大的根基问题。许多人讨论圣灵，但却很少有人知道如何蒙圣灵引导。因此，在无意识的情况下，我

们会习惯性地回去遵行某些小小仪式及某些规则。这么做本质上就是回到邱坛去献祭

（我再说一次，虽然我们根本没有意识到。）罗马书八章 14 节告诉我们，长大成熟的唯一道路就是：「**因为凡被神的灵（经常）引导的，都是神的儿子（不是孩子，而是长大成熟的儿子）**。」

「只要是一起蒙圣灵引导的……。」蒙谁引导呢？「**神的灵。**」你是否知道这项真理的影响？你不能把神的灵阻绝于自己的人生，又同时想得到果效。

举个例子来说明，你认为主参加各地教会里面每一次的执事会会议吗？我想主这位绅士应该不太能忍受某些会议吧！主从未应许要参与每一场执事会议，因为有很多这样的会议并不是蒙神的灵引导。但是主却说过：「**只要有两三个人一起蒙我的灵引导……**。」神说祂会在哪里与我们相会？在我们一起蒙神的灵引导，信奉耶稣的名的地方。

虽然教会在过去多少世纪以来进行过无数改革，可是其中多数的改革，正如犹大列王的那些改革，却从未处理过「邱坛」的问题，或一起聚会的根基问题。在我的理解中，那就是邱坛，可是却从来没有人找出这个问题或者加以处置。

关于基督徒聚会一事，除了蒙圣灵引导信奉耶稣基督的名此一基础之外，神并未授权其它方式。任何其他场所（任何其他根基）都是「邱坛」。

第十三章
三种现代的邱坛

在本章中，我们将探索三种错误的聚会根基，这些方式已经成为当今教会的"邱坛"：1) 基于国家民族；2) 基于某种特定教义；3) 基于对特定领袖的忠心。

一、基于国家民族

首先，我们的教会往往根据国家的基础来聚会。例如，英国有国家教会，也就是英国国教派，我就在这个教派成长。同样的，所有的北欧国家都有国家教会，包括丹麦、瑞典、挪威和芬兰。圣经中完全没有提到这种做法。新约中也没有授权教会用国家民族当作聚会的根基。

正如保罗所说（歌罗西书三：11），在主耶稣基督里面是没有国家民族之分的。因此，例如谈论英国教会、瑞典教会或是非洲教会都是不符合圣经教导的。我们可以谈论在英国、在瑞典或在非洲的教会，可是这在意义上是截然不同的。这指的是在那些国家中基督的身体。新约曾经提到哥林多教会、以弗所教会、帖撒罗尼迦教会、老底嘉教会等等，但保罗还有其他新约书卷的作者都从未提过任何一间属于某个国家民族的教会。

为了进一步清楚说明这个概念，你可能可以捷及在美国的教会，但任何一间美国境内的教会都可能由来自世界各国的会众所组成。不需要每个国家都建立一间特属自己国家民族的教会。而某国家或种族背景的信徒有可能需要一间独特教会的惟一理由，是万一他们讲的语言是这个社群以外的人所无法理解的，才有其必要。但这跟沟通有关系，跟聚会的根基没什么关系。

二、基于某种特定教义

另一种在教会聚会的错误根基就是我所谓的「教义的」根基。信徒一起聚集是出于他们属于浸信会、五旬节派或是任何其他的宗派或者派系的信徒。这样的一群信徒可能只相信浸水礼，另一派的人则特别相信领受圣灵的洗，如此一来，那种特定教义就变成他们聚会的根基。然而，单单只是根据特定教义而聚会却并非出自圣经的教导。

我相信神透过圣灵的显著作为是要使基督的身体在教义上合一。我们与神在这方面有多少程度的合作是令人质疑的。保罗从未写信给特定的宗派团体，例如：「写给哥林多的浸信教会」或是「写给哥林多的五旬节派教会」等。假设保罗写了一封信给你身处的城市中的「教会」，那么他的信要寄到哪里去呢？

三、基于对特定领袖的忠心

某些特定宗派是建立在教会历史上著名领袖的言教与身教的基础上，例如马丁路德与约翰卫斯理，这就是以这种根基聚会的明显例子。我很感谢主赐下这些属灵伟人，然而，新约并未授权让信徒因着与某个领袖的连结而进行聚会。

事实上，保罗把这样的想法弃置在一旁：「你们各人说：『我是属保罗的』；『我是属亚波罗的』；『我是属矶法的』；『我是属基督的』。基督是分开的吗？保罗为你们钉了十字架吗？你们是奉保罗的名受了洗吗？」（哥林多前书一：12-13）保罗意思是说只有一个人的名字是具重要性的，那就是耶稣基督的名字。

新改革的呼召

你是否看出旧约犹大列王与廿一世纪众教会的行径当中的连结何在？在现代教会中的我们是否也建造了自己的「邱坛」来敬拜神？也就是那些并不是神所选择的场所？

我个人相信神渴望教会进行一种改革，就是拆毁所有的邱坛。如果我对圣经的启示理解正确，那么现代人的邱坛也正继续惹怒神，正如神过去一直被犹大诸王惹怒一样，他们一边敬拜神，却仍不把邱坛除去。神不会因为我们以浸信会、五旬节派、信义会或卫理公会信徒的名字敬拜而拒绝我们，但我

相信这样的心态却惹怒祂。这不是神所要的，祂正在等候我们除去邱坛。

让我们把注意力转移到使徒行传十五章吧！这一章描述初代教会有一次在耶路撒冷举行过很有名的领袖会议，议程是决定教会如何回应成为基督徒的那群外邦人。（顺带一提，现在这个问题其实是相反的。几年前，神召会（the Assemblies of God）举行了一次大会，决定这个教派是否要接纳犹太裔基督徒。最后，有一个领袖站起来说：「弟兄们，他们以前曾经接纳我们，我们也该接纳他们！」历史真是透过这方式轮了一圈回来！）

使徒行传十五章的争议最后由雅各作了结，他曾引用先知阿摩司的话这么说：

> 他们住了声，雅各就说：「诸位弟兄，请听我的话（雅各当时讲话口气并不温和，他知道神有话要他说）。方才西门（彼得）述说神当初怎样眷顾外邦人，从他们中间选取百姓归于自己的名下；众先知的话也与这意思相合。正如经上所写的（在这里他引用先知阿摩司的话）：『此后，我要回来，重新修造大卫倒塌的帐幕，把那破坏的重新修造建立起来，叫余剩的人，就是凡称为我名下的外邦人，都寻求主。』」

大卫的帐幕

请注意上面那段经文中雅各引用阿摩司最核心

的那句话：「重新修造大卫倒塌的帐幕」，这既不是摩西的会幕，也不是所罗门的圣殿，而是大卫的帐幕。大卫的帐幕是在哪里建造的呢？是在耶路撒冷，是神拣选要立祂名的居所。这一段经文让我们看到，外邦人教会时代的圣经根基。这叫做重建大卫的帐幕。

我听过很多信息，它们清楚分析了摩西的会幕与大卫帐幕的差异点。在摩西的会幕中，敬拜只准在白天某些时刻进行；而大卫的帐幕却是日夜都开放。摩西的会幕只有利未人可以进入，但大卫的帐幕则有敬拜的自由与自发性，任何人都可以进去敬拜。

我们身为神的儿女，究竟可以进去哪一种会幕或帐幕敬拜呢？那就是大卫的帐幕。

大卫帐幕的本质是什么？**赞美**。

大卫帐幕的成品是什么？**圣经中的诗篇**。

对外邦人教会来说，属于我们那真正的「自由宪章」(charter of liberty) 就是重建大卫的帐幕。然而，这里的重点不是在建造，而是强调神自己所选择立祂名的居所。

在我们的支配范围内，对我们而言关键的议题在此：**神拣选何处作为立祂名的居所？** 答案就是那并不在乎某个建筑物、国家民族、宗派，或是特定领袖的教导。神把祂的名放在某一个人的身上，那个人就是耶稣基督。我们被授权在何处聚集？「信奉」耶稣的名之处。我们是以看不见的耶稣这个位格为聚集的中心，当我们一起蒙神的灵引导信奉祂的名，祂就与我们相遇。

当我们因着曾误入歧途到「邱坛」去敬拜而向神悔改时，从此要拒绝以这种方式作为基督徒聚会的根基，那么我们就可以除去障碍，以至于能成全自己身为神在世上子民的呼召。

第十四章
让圣灵居首位

方才我们已经谈过，当我们一起蒙神的灵引导信奉祂的名，耶稣就会与我们相遇。所以当我们聚集时，我们一定不可忘记圣灵。

但是很奇怪的，灵恩运动却有一项重大缺失，那就是我们把圣灵看得微不足道。我们经常谈论祂，却又往往忽视祂的存在。我们按表操课，进行仪式、表演、节目，但是如果圣灵有不同的想法，我们就几乎不给祂机会引导或者教导我们。事实难道不是如此吗？或许这种说法让人很难接受，但不论你喜不喜欢，就某种程度上来说，没有其他团体信徒比灵恩派信徒更固守成规的了。惟一的差异之处只是我们没有把行礼如仪的内容写下来而已。

我曾听过某个年轻人说过：「我开创了一间教会。」当我一听到这说法，真是全身发颤。我很想跟他说：「你开创了一间教会？你真是个笨人！你这个自以为是的小子！你以为是你开创了这教会吗？」除了耶稣跟圣灵之外，没有人可以开创教会啊！我们只能去组织、计划、推广、建立，但教会却是主的专利。祂是「**万有之首。教会是祂的身体。**」(参以弗所书一：22-23)

据我的了解，保罗在以弗所书中曾教导，真正的教会是建立在使徒和先知的根基上，这些使徒与先知是由基督派任、

且蒙圣灵的引导。（参以弗所书二：20-22，四：11-12）。我质疑那些建立在其他根基上的，在神眼中是否仍被视为教会。我个人相信美国有几十万个群体与建筑物被称为教会，但神却不视之为教会，因为它们不符合他最基本的要求。该是让圣灵用祂的方式行事的时候了。

你是否明白谁是圣灵呢？你是否承认祂是一个位格呢？祂拥有神仓库的钥匙。圣父与圣子的一切财富都由圣灵管制。跟祂做朋友是很有价值的！你也许已经是神的孩子，却活得像个乞丐，直到你能跟圣灵成为朋友。祂是很敏锐的。祂就像鸽子，很容易受到惊吓。如果你的态度或者动机不对，这圣灵的鸽子就会飞走。

只有一种性情会让圣灵的鸽子降在他身上，那就是耶稣基督的性情。施洗约翰说到耶稣时曾说：「看啊，神的羔羊……」（约翰福音一：29），接着他又说：「我曾看见（神的）圣灵，彷彿鸽子从天降下，住在祂的身上。」（32节）神羔羊的性情是什么？就我的理解，羔羊具体呈现三种特质：**纯洁、谦卑、牺牲的生命**。圣灵会与拥有这三种特质性情的人同在。

你可能在某个时间点受到圣灵感动，但是只过了十分钟，却发现自己已经远离了祂，这是因为祂对停留的地点非常挑剔。请记得在「叶光明版」翻译的马太福音十八章20节中我们强调过：「**蒙圣灵带领而信奉耶稣的名的人**」，基本上耶稣的意思是说：「你们可以相信我会与你们同在，但是你们必须先符

合一些条件。」我们聚会的地点不是凭借着受圣灵的
洗、说方言、受洗、或是承继路德、加尔文、卫斯
理或其他人的信仰传承，我们聚会的地点是凭借着
耶稣的名。

你可能会相信我所说的是真的。问题在于，你想
要怎么做？对这项真理做出回应是我们每个人的责
任。

我们的同伴、朋友

我们要如何回应蒙圣灵引导信奉耶稣的名这具有
挑战性的任务呢？我们可以从诗篇一二二篇得到一
些有益的想法，下列这两节经文对耶路撒冷有很美
好的描述：

> 耶路撒冷被建造，如同连络整齐的一座城。众
> 支派，就是耶和华的支派，上那里去，按以色
> 列的常例（或译：作以色列的证据）称赞耶和
> 华的名。　　　　　　　　　　　（诗篇一二二：3-4）

被翻译成「连络整齐」的希伯来原文词汇是很美
的一个词。它是现代希伯来文 chabar 的字源，意
思是「伙伴、亲密的朋友」。

你是否看出使耶路撒冷重要的原因？那是主立祂
名的居所。一年三次，每当以色列的支派按照神的
命令来到耶路撒冷城时，他们就是在做见证：「那居
住在耶路撒冷的主，那把祂的名立在耶路撒冷的主
就是我们的神。这就是我们都要上耶路撒冷去的原

因。不论我们是出身便雅悯、玛拿西或以法莲支派，这都不重要。重要的是我们要去的目的地。重要的是我们聚集的地方。那是神立祂名的居所。」

这个原则也适用在今日的我们身上。当身为神的子民的我们一起聚集信奉主的名时，我们就是在见证神的所是。此外，当我们身在我们所属的地方时（也就是身处神立祂名的居所时），当我们在那里敬拜祂，我们就是身处在一个最坚强稳固的地方，为要承担起参与属灵争战、攻破坚固营垒、击溃撒旦的责任。

第十五章
找到真正的根系

在本书接近尾声之际，我们来多探索一处坚固营垒。我们需要在生命中拆毁这营垒，也就是将过去紧抓着不放的营垒。或许这是对我们的传承或是成就感到骄傲的营垒，或者也可能是因着负面的家庭历史或是个人失败而感到不安或羞愧而产生的营垒。不论是哪一种，只要我们容许它继续存在，它就会捆绑并且阻碍我们在属灵上结出果子。

祖先的根系

在一九七〇年代，有一本由艾利克斯·哈雷（Alex Haley）所写的书《根》（Roots:The Saga of an American Family）。作者哈雷后来极其出名，并对美国文化产生巨大们心中的欲望。但当我们不喜欢自己所发现的祖先根系之时，就会影响我们对自己的想法，甚至会阻碍我们进行属灵争战的果效。

我们的美好属灵传承

今天有为数众多的人有个很大的问题（尤其是年轻人），就是他们没有根：他们真的不知道自己来自

何方，属于何处，又能融入哪里。我想要告诉你们，身为基督徒，我们需要知道我们都有坚实的属灵根系。回顾卫斯理 路德或者加尔文的信仰都是很好的，但那不是我们的根系。我们的根系要回溯到更久远的历史之前。

我们一起读下列的罗马书经文，这是保罗写给外邦人（我们多数人都是）的书信：

> 若有几根枝子（真正的以色列人）（因着不信从自己的「橄榄树」）被折下来，你这野橄榄得接在其中，一同得着橄榄根的肥汁，你就不可向旧枝子夸口；若是夸口，当知道不是你托着根，乃是根托着你。

保罗所说的话对当代教会是种必要的警告：我们基督徒对以色列不可态度自大。我们的根系出自以色列国的族长亚伯拉罕、以撒和雅各对神的信心以及他们从神而来的祝福。我们有一套很棒的根系。经过了四千年纷乱的历史，这个系统还存在。

你可知道没有其他树种可以活得比橄榄树还久？这就是保罗所讲的树。属神选民这棵橄榄树的根是出于一个名叫亚伯拉罕的人，他是多国之父，也是一个崭新民族的父亲。或许你对自己肉身的祖先感到难为情，但你要记得，在耶稣基督里一切都过去了：**「若有人在基督里，他就是新造的人，旧事已过，都变成新的了。一切都是出于神……」**（哥林多后书五：17-18)

新的属灵先祖

当我遇到基督徒因着他们对自己的家庭背景不甚满意而缺乏自我价值感和安全感时，我会感到悲伤。我们必须了解，在我们肉身血统上的祖先算是「已过」的「旧事」。现在我们已被嫁接到属于神自己的橄榄树上，所以我们已拥有崭新的属灵祖先血统。我们的祖先可以追溯到神所拣选成为根的那个人身上，从这个根生出一群人，他们经过绵长的历史后还会继续存在。

确实有些人会因着天生血统的遗传感到骄傲。例如，我本人就确实可以因着自己肉身的祖先感到满意。我的父母都是英国人，而且我家族中的男性先祖都出身于英国陆军。但我拥有更棒的属灵出身，那就是先祖亚伯拉罕。请思想下列经文：

> 并且他（亚伯拉罕）受了割礼的记号，作他未受割礼的时候因信称义的印证，叫他作一切未受割礼（非犹太人）而信之人的父，使他们也算为义。
>
> （罗马书四：11）

如果我们是信徒，那么谁是我们的「父亲」？亚伯拉罕。为了进一步确认，我们读到这段宣告：

> 你们既属乎基督，就是亚伯拉罕的后裔，是照着应许承受产业的了。

我们拥有美好的产业。没有人可以「管辖我们」。或许你会遇到来自欧洲有贵族血统的家族，他们的

祖先可以追溯到一千年前。但是，在亚伯拉罕里面，我们却可以追溯到四千年前（至于若提到神的永恒计划，则可以追溯得更久远）。我们的血统是透过圣经来追溯的，这件事情令人感到很兴奋。如果基督徒能够了解自己在耶稣基督里的真实身分，我们就不会有那么多人受到没有安全感或缺乏价值感的问题困扰了。

蒙神所爱

现在让我们多翻开一处经文，这处经文显明神如何深深地珍爱我们。经文出现在很美的一处弥赛亚诗篇中，描绘出弥赛亚的图像。世界上只有一个人可以对应这诗篇中所描述的那个人，那就是神的儿子耶稣、以色列的弥赛亚。能够看到这样的图像是很重要的，因为它真的很美妙：

> 我心里涌出美辞；我论到我为王做的事，我的舌头是快手笔。（下面这一句话是对君王耶稣说的：）祢比世人更美；在祢嘴里满有恩惠；所以神赐福给祢，直到永远。

请注意「所以」这两个字。神为什么赐福给耶稣？因为祂嘴里满有恩惠。

> 大能者啊，愿祢腰间佩刀，大有荣耀和威严！为真理、谦卑、公义赫然坐车前往，无不得胜（这指的是神的君王）；祢的右手必显明可畏的事。祢的箭锋快，射中王敌之心；万民仆倒在祢以

下（这指的是悔罪感）。神啊，祢的宝座是永永
远远的；祢的国权是正直的。

请注意耶稣在这里被称为神。真希望犹太人可以
看出这一点！这里讲的是弥赛亚君王，祂被称为神。
继续看下去之前，我们再一次最后那句话：

神啊，祢的宝座是永永远远的；祢的国权是正
直的。祢喜爱公义，恨恶罪恶；所以神 — 就是
你的神—用喜乐油膏（赐福）你，胜过膏你的
同伴。

（诗篇四十五：6-7）

这些词语是神对神所说的话：「**所以神 — 就是你
的神 — 赐福你。**」这里我们看到至少有两个位格被
称为神。为什么神要赐福神呢？因为如果你「**喜爱
公义，恨恶罪恶；神 — 就是你的神 — 就会用喜乐
油膏（赐福）你。**」这是要得到赐福的一种方法，那
就是喜爱公义并且恨恶罪恶。

所以神 — 就是你的神 — 用喜乐油膏你，胜过
膏你的同伴。你的衣服都有没药、沉香、肉
桂的香气；象牙宫中有丝弦乐器的声音使你
欢喜。

（诗篇四十五：7-8）

请特别小心注意下一节，因为这是我们这段讨论
的最后结论：

有君王的女儿在你尊贵妇女之中；王后佩戴俄
斐金饰站在你右边（犹太婚礼中新娘所站的位

子)。

(诗篇四十五：9)

谁是那位王后与新娘？就是教会，也就是我们。接着这一节是个劝告，跟我之前所提追寻肉身的祖先血统有关系：

> 女子啊，你要听，要想，要侧耳而听！不要记念你的民和你的父家。

诗人的意思是：「你要忘记你的出身，这么作没有意义。」这句话说得再清楚不过了。我们不该再受到自己的国籍、宗派、或其他背景而深陷泥沼。为了得到成为基督新妇的资格，我们要从这样的状况中出来。

> 不要记念你的民和你的父家，王就羡慕你的美貌；因为祂是你的主，你当敬拜祂。

(诗篇四十五：10-11)

上述经文描写耶稣对我们的期待，我们又要怎么达到主耶稣的期待呢？我们能做的就是不把人生的根基或自我价值感建立在父家或族民身上，并且领受那美好的属灵产业。

在上执政掌权者

当神在我约三十岁时呼召我时，我正置身巴勒斯坦地区。在二次世界大战期间我在海外住了四年半，

我有权要求英国陆军把我送回英国。然而，我觉得
神呼召我留在那里服事祂。在那时候，我内心充满
煎熬，又想回英国看看父母家人（特别是当时我祖
父病危），又想顺服神的呼召。

当时神透过一个基督徒朋友给我一段经文，就
是我们刚刚读过的那句话：**「不要记念你的民和你的
父家，王就羡慕你的美貌。」**所以我就放弃了转调回
英国的权利。这么一来我放下了可以回剑桥的机会，
以及属世工作可以得着的一切名望地位。我放下了
自己的背景。

我大可以回去剑桥当教授教书度过余生，在学
术界拥有相当受尊荣高贵的地位。但我放下家族与
专业的背景，因为我已经被主嫁接到另一条血脉上。
我拥有了全新的根系，而我也以它为荣。

在诗篇四十五篇中我们读到最后一则应许，请看
第 16 节：

你的子孙要接续你的列祖；你要立他们在全地
作王。

我们不要对过去存太多忧虑。不要太关注自己先
祖、所属教会的历史，抑或是我们的学术或专业上
的成就。相反地，神会给我们「子孙」（祂的子民与
祂的工作），他们会像王子一样，在全地为主作王。

拆毁你人生中的邱坛

我们必须做一个决定。我们还要继续守住邱坛吗？我们是否还要持守本质上只以宗派为根基的敬拜场所？我们是否要永远受这些事物的捆绑？或者，我们要拆毁邱坛，宣告只有一种聚会方法是蒙神所悦纳的，也就是一起蒙圣灵的引导并信奉耶稣的名。

现在你应该已经了解，后面这一步是荣耀圣灵的做法。这么做能荣耀耶稣，也荣耀父神。若我们以其他根基作为聚会的理由，那就不同了。神充满了恩慈与耐心，正如他对待那些容许百姓在邱坛敬拜的诸王一样。但是，在那些君王的统治期间，他却渴望遇到一个愿意彻底改革、除去邱坛的君王。

我个人相信主只是想要显明我们跟神的心意差距多大。我们已经走了很长一段路，然而有些人却回到了宗派主义之中，这不合乎神的心意。神的心意是要除去邱坛。这不表示你不能说「我是信义会信徒」「我是浸信会信徒」或是其它宗派的会友。你可以告诉我们你的宗派，但不要让它支配你的言行。忘记你的民和你的父家，王就会羡慕你的美貌。这么一来，身为基督爱人的你就除去了邱坛，不因它而无法全然地承继产业。

那么，当你在耶稣里的地位得以稳固、当你在圣灵中得建造时，你就会活在他的爱与大能中，你也就能够拆毁仇敌的坚固营垒。正如耶稣所宣告的：

> 「我要把我的教会建造在这磐石上；阴间的权柄不能胜过祂。」　　　　　　　（马太福音十六：18）

同来宣告

在本书中，我们已经检视过属灵争战的两大关键层面：**攻破坚固营垒**（属个人的以及国家的）以及**除去邱坛**。或许你从未思想过上述这些层面，然而它们代表两种非常重要的属灵活动，可以帮助你发动个人的属灵争战并且透过奉耶稣的名一起聚集，与其他基督徒共同参与战事、攻破坚固营垒并且除去邱坛。

该是行动的时候了。在属灵生命与未来生命前途中，用祷告与宣告嵌入我们之前检视过的原则是很好的方式。你是否愿意跟我一起作出下列的宣告呢？

主啊，我承认因着我与祢的关系，我目前已进入与撒旦国度的争战之中。主耶稣，我的第一步就是要宣告我对祢的绝对忠诚，祢是万军之主宰、我主我救主。我将自己奉献给祢，毫无保留地降服在祢的领导之下，我将一生完全交在祢手中。

正如你话语所解释的，我现在用属神的全副军装装备自己，使我可以在争战中站立得稳并且得胜。我也奉主耶稣的名，拆毁任何生命中的坚固营垒或者阻碍我的壮士。主耶稣，请在这场争战中帮助我，好让我能毫无拦阻地跟随祢。

主啊，接下来，我也要除去生命中任何可能阻碍我的邱坛，也就是令祢不喜悦的旧有模式或者宗教习性。主啊，我现在都把它放下，并且摆在祢的脚边。我愿意同我的弟兄姐妹一起来到父神授

权要我敬拜的惟一场所，并信奉耶稣伟大有能力的名。

主啊，如今我将全人和我拥有的一切都全然交托给祢。我将自己献给祢，为着祢国的缘故参与属灵争战。我也愿意成为奉祢名攻破坚固营垒的人，不只是个人的、也包括国家的坚固营垒。不论是在我生命中以及在教会的国度中，我都愿意成为除去邱坛的人。

为着祢国度的缘故，并为着成全祢永恒的旨意，请使用我。

阿们。

如何在智能手机上安装应用程序(App）

可复制网址到智能手机的浏览器，或使用二维码安装适用于您智能手机的应用程序（App）

iPhone/iPad手机下载网址:

https://itunes.apple.com/sg/app/
ye-guang-ming-ye-guang-ming/
id1028210558?mt=8

若干安卓手机下载地址如下，供您选择:

https://play.google.com/store/
apps/details?id=com.subsplash.
thechurchapp.s_3HRM7X&hl

叶光明事工微信公众平台:

www.ingramcontent.com/pod-product-compliance
Lightning Source LLC
Chambersburg PA
CBHW060136050426

42448CB00010B/2164